Inhalt

Curated Shopping - The Missing Link zwischen Online- und Offline-Handel

Kernthesen

Beitrag

Fallbeispiele

Weiterführende Literatur

Impressum

Curated Shopping - The Missing Link zwischen Online- und Offline-Handel

Harald Reil

Kernthesen

- Der betreute Einkauf im Internet ist ein Trend mit Zukunft, einige progressive Unternehmen der Kleidungs-, Schmuck- und Spielzeugbranchen haben bereits Erfolg damit.
- Das Überangebot an Produkten und Dienstleistungen führt beim Verbraucher oft zur Entscheidungsverweigerung, Curated Shopping erleichtert die Qual der Wahl.
- Setzt sich Curated Shopping auf breiter

Front durch, muss der stationäre Handel mit empfindlichen Umsatzeinbußen rechnen.
- Allerdings ist kaum damit zu rechnen, dass Curated Shopping zu einem Veröden der Innenstädte führen wird.
- Viel wahrscheinlicher ist ein Multi-Channel-Shopping-Szenario, das dem Kunden erlaubt, über eine Vielzahl von Kanälen seiner Einkaufslust zu frönen.

Beitrag

Betreuter Einkauf in den eigenen vier Wänden

Es gibt Menschen, die verzichten gerne auf Beratung. Für diese besondere Spezies sind Läden und vor allem aufdringliche Verkäufer ein Gräuel. Die Erfindung des Internets muss ihnen wie eine glückliche Schickung des Himmels vorgekommen sein. In aller Ruhe dürfen sie nun in einer Vielzahl von Geschäften stöbern und unbelästigt von dienstbeflissenen Krämerseelen ihre Kaufentscheidung treffen. Andere sind das genaue Gegenteil: Sie brauchen persönliches Feedback wie die Luft zum Atmen; denn nur so können sie sich eine

Meinung über ein Produkt oder eine Serviceleistung bilden. Was aber ist mit bequemen Internetsurfern, die zum Einkaufen nur ungern einen Schritt vor die Tür setzen, trotzdem aber gerne einen Ansprechpartner hätten, der sie in wesentlichen Fragen berät? Für sie haben findige Unternehmer das Curated Shopping erfunden, was zu Deutsch nichts anderes bedeutet als "betreutes Einkaufen" - nur eben, dass der Kunde seine eigenen vier Wände dafür nicht mehr verlassen muss. In der Kleidungs-, Schmuck- und Spielzeugbranche ist diese neue Form des Shoppens bereits im Kommen, andere Branchen werden sicher folgen. (1), (2)

Überangebot führt oft zur Entscheidungsverweigerung

Dafür spricht, dass das Überangebot an Waren und Dienstleistungen, auf das die Verbraucher dank des Internets zugreifen können, die Wahl erschwert und sogar zu Entscheidungsverweigerung führen kann. Es gibt Untersuchungen, die dieses Phänomen belegen. Forscher an der New Yorker Columbia University haben beispielsweise bei einem Versuch herausgefunden, dass 40 Prozent der Shopper, die in einem Supermarkt zwischen sechs Marmeladensorten wählen konnten, sich gerne überzeugen ließen, davon auch zu kosten. 30 Prozent der Kunden, die probiert hatten, kauften anschließend auch Marmelade. Als eine Woche später die Wissenschaftler die Zahl der Marmeladen von sechs auf 24 erhöhten, wollten zwar 60 Prozent der Shopper davon probieren, aber nur drei Prozent davon nahmen Marmelade auch nach Hause. Eine Studie vom Mai vergangenen Jahres, die unter dem Titel Curated E-Commerce veröffentlicht wurde, kommt zu einem ähnlichen Ergebnis. Die Versuchsleiter befragten Online-Shopper unter anderem zu Negativerlebnissen beim Interneteinkauf. Eine oft gehörte Kritik bezog sich auf das unübersichtliche Angebot, vor dem viele Kunden zurückschreckten. Die Verbraucher kauften daher lieber nichts, um ja nicht das Falsche zu kaufen. (3)

Reiseführer durch den Angebotsdschungel

Experten, die den Verbrauchern basierend auf ihren Angaben einen Weg durch den unübersichtlichen Angebotsdschungel weisen, handeln also wie Reiseführer der realen Welt. Sie betreuen ihre Kunden individuell, präsentieren ihnen die Highlights aus einer Vielzahl von Attraktionen und vermitteln ihnen das Gefühl, alles Wesentliche gesehen zu haben. Der Kauf ist dann fast nur noch Formsache. (5), (9)

Trends

Multichannel-Shopping: Einkaufen wird immer bunter

Curated Shopping ist ein Trend, der sich aller Voraussicht nach durchsetzen und daher in einigen Branchen zu dramatischen Umsatzeinbußen oder zu einem grundlegenden Umbau herkömmlicher Läden führen wird. Anlässlich einer Online-Befragung, bei der im vergangenen Sommer 1 005 erwachsene Bundesbürger ihre Einschätzungen zur Zukunft des Handels zu Protokoll gaben, ging beispielsweise die Hälfte der Interviewpartner davon aus, dass bereits nach Ablauf eines Jahrzehnts der virtuelle Kleiderkauf gang und gäbe sein werde. Bewahrheitet sich diese Vermutung, ist folgendes Szenario denkbar: Traditionelle Geschäfte werden zu Showrooms umfunktioniert, in denen Interessenten Waren zwar ansehen und befühlen, aber nicht mehr erwerben können. Der eigentliche Einkauf samt Beratungsleistung wird dann über das Internet abgewickelt.

Vertreter des Online-Handels prognostizieren, dass bis zum Jahr 2022 Shopping Malls in mittelgroßen Städten 20 Prozent ihrer Käufer einbüßen werden.

Wahrscheinlicher aber ist, dass die Einkaufswelt immer bunter wird. Multi-Channel-Shopping heißt daher das Stichwort, das die nahe Zukunft wohl am besten beschreibt. Zu diesen verschiedenen "Kanälen" werden neben traditionellen Geschäften und dem Internet mit oder ohne Beratungsleistung dann auch relativ neue Verkaufschannels gehören wie der schon weiter oben beschriebene Showroom oder der Internetkauf und die Möglichkeit des Kunden, seine Ware gleich darauf im stationären Laden abzuholen, wenn ihm die Lieferzeit zu lange dauert. (4), (5)

Fallbeispiele

Pinterest entwickelt sich zum Curated-Shopping-Mekka

Die Online-Plattform Pinterest, auf der User Bilder veröffentlichen können, entwickelt sich zum Curated-Shopping-Mekka. Da Pinterest doppelt so viele Frauen wie Männer als Mitglieder zählt und außerdem das soziale Netzwerk mit den höchsten Zuwachsraten ist, haben vor allem die Anbieter von Mode- und Pflegeprodukten die Plattform für sich entdeckt. Der Erfolg gibt ihnen Recht. Sie haben die meisten Follower; Bilder von ihren Produkten werden am häufigsten "repinned" - also von zufriedenen Nutzern weiterempfohlen. (3)

Online-Fashion mit Beratungsleistung

Outfittery heißt das Berliner Startup-Unternehmen, das mit seiner Geschäftsidee bei Männern Erfolg zu haben scheint. Die beiden Firmengründerinnen verkaufen mittelpreisige Mode über das Internet, bieten aber obendrein auch eine Beratungsleistung an, wie sie aus dem stationären Handel bekannt ist. Nachdem die Kunden einen Fragebogen mit moderelevanten Angaben ausgefüllt und ein Foto von sich hochgeladen haben, vereinbart eine der acht Stylistinnen, die bei Outfittery beschäftigt sind, ein telefonisches Beratungsgespräch, das rund 15 Minuten dauert. Ist es erfolgreich, wird die Ware in einer stylischen Verpackung und mit einem handsignierten Brief der Beraterin verschickt. Kunden, denen die Kleidungsstücke nicht gefallen oder denen sie nicht passen, müssen diese nicht annehmen. Wie gut die Geschäfte bei Outfittery laufen, beweist auch folgende Tatsache: Das Startup-Unternehmen plant bereits eine eigene Kollektion. (2), (6)

Big Business: Curated Shopping für Geschäftsleute

9dot ventures, ein Online-Modehändler, der sich auf Business-Kleidung für Männer spezialisiert hat, verfolgt eine ähnliche Strategie wie Outfittery. Das Unternehmen hat mit 8select.de eine Plattform konzipiert, mit deren Hilfe sich Geschäftsleute unter Zeitnot ohne große Umstände mit hochwertigem Business-Outfit eindecken können. Fachverkäufer und Stilberater helfen bei der Zusammenstellung der Kleidungsstücke. Grundlage der Beratungsleistung ist ein Onlinefragebogen. Da 9dot ventures mit großen Partnern zusammenarbeitet, kann sich die Auswahl sehen lassen, und der Kunde erspart sich lange Wege - ein Asset, mit dem das Curated-Shopping-Portal auch gerne wirbt. (7)

becoacht.com vermittelt Spitzensportler

Eine originelle Idee für Curated Shopping haben die Betreiber der Website becoacht.com entwickelt. Sie vermitteln Interessenten die Erfahrung von Trainern und bekannten Sportlern, die sich auf diese Weise ein Zubrot verdienen wollen. Als nächstes wird becoacht.com eine Anwendung einrichten, mit deren Hilfe Freizeitsportler herausfinden können, ob ein Coach oder ein Sportidol an einem gewünschten Tag auch Zeit für sie hat. Geplant ist außerdem eine Profilseite, die es den Coaches und Leistungssportlern erlaubt, sich und ihre Ausrüstung vorzustellen - mit Verlinkungen auf entsprechende Angebote in einschlägigen Online-Shops inklusive. Ankurbeln wollen die Initiatoren becoacht.com ihre Idee mit Testimonials. Die Freizeitsportler erhalten die Möglichkeit von ihren Trainingserlebnissen zu berichten. (8)

Weiterführende Literatur

(1) Modelle mit Potential
aus Lebensmittel Zeitung 46 vom 16.11.2012 Beilage etailment map 01 Seite S10 bis S11

(2) Betreutes Einkaufen
aus Welt am Sonntag, 04.11.2012, Nr. 45, S. 69

(3) Freunde als Einkaufsberater
aus Horizont 43 vom 25.10.2012 Seite 028

(4) Männer kaufen anders
aus OSTTHÜRINGER ZEITUNG - Ausgabe Gera, 16.02.2013, S. 28

(5) Im Zeichen des Smartphones

aus Frankfurter Rundschau vom 04.01.2013, Seite 15

(6) „Wir befreien Männer vom Shopping"
aus TextilWirtschaft 01 vom 03.01.2013 Seite 040

(7) Europaweit erstes Curated Shopping Angebot für Businesskleidung
aus news aktuell, 2013-01-10

(8) Frederik Roever startet Plattform für Sportcoaches
aus Der Kontakter Nr. 08 vom 21.02.2013, S. 14

(9) Mobile Informationssuche wird für den Einkauf immer wichtiger
aus ddp direct Pressemitteilung vom 10.12.2012, 13:51:01

Impressum

Curated Shopping - The Missing Link zwischen Online- und Offline-Handel

Bibliografische Information der deutschen Nationalbibliothek

Die Deutsche Nationalbibliothek verzeichnet diese Publikation in der deutschen Nationalbibliografie; detaillierte bibliografische Daten sind im Internet über http://dnb.d-nb.de abrufbar.

ISBN: 978-3-7379-0807-8

© 2015 GBI-Genios Deutsche Wirtschaftsdatenbank GmbH, Freischützstraße 96, 81927 München, www.genios.de

Alle Rechte vorbehalten. Dieses Werk ist einschließlich aller seiner Teile – z.B. Texte, Tabellen und Grafiken - urheberrechtlich geschützt. Jede Verwertung außerhalb der Grenzen des Urheberrechtsgesetzes bedarf der vorherigen Zustimmung des Verlags. Dies gilt insbesondere auch für auszugsweise Nachdrucke, fotomechanische

Vervielfältigungen (Fotokopie/Mikroskopie), Übersetzungen, Auswertungen durch Datenbanken oder ähnliche Einrichtungen und die Einspeicherung und Verarbeitung in elektronischen Systemen.